novum pro

ERCAN TOPAK

GEMEINSAMKEITEN
DURCH REDEWENDUNGEN

Kurzgeschichten mit
Redewendungen

novum ✦ pro

Dieses Buch ist auch als
e-book
erhältlich.

Bibliografische Information
der Deutschen Nationalbibliothek:

Die Deutsche Nationalbibliothek
verzeichnet diese Publikation in
der Deutschen Nationalbibliografie.
Detaillierte bibliografische Daten
sind im Internet über
http://www.d-nb.de abrufbar.

Gedruckt in der Europäischen Union
auf umweltfreundlichem, chlor- und
säurefrei gebleichtem Papier.

© 2025 novum publishing gmbh
Rathausgasse 73, A-7311 Neckenmarkt
office@novumverlag.com

ISBN 978-3-7116-0457-6
Lektorat: Emma J. Dharmaratne
Umschlagfotos: Artushfoto,
Rangizzz | Dreamstime.com
Umschlaggestaltung, Layout & Satz:
novum Verlag
Innenabbildungen: Martin Löffler

www.novumverlag.com

Druckprodukt mit finanziellem
Klimabeitrag
ClimatePartner.com/16547-2311-1001

INHALTSVERZEICHNIS

VORWORT

Deutschland ist heute ein Land, in dem Menschen verschiedener Nationalitäten ein Zuhause gefunden haben. Aktuellen Statistiken zufolge haben rund 25 Prozent der Bevölkerung eine Einwanderungsgeschichte. Die häufigsten Einwanderungsmotive sind Flucht, Familienzusammenführung und Erwerbstätigkeit. Auch in unserer Stadt leben Menschen aus rund 100 verschiedenen Nationen. 18 Prozent unserer Einwohnerschaft hat keine deutsche Staatsangehörigkeit.

Diese Sachlage erfordert beiderseits Bemühungen, um ein harmonisches Zusammenleben zu ermöglichen. Alles, was dazu beiträgt, ist äußerst willkommen.

Der Autor Ercan Topak, ein Einwohner unserer Stadt, hat seit einigen Jahren sein Wissen und seine Erfahrungen im Internationalen Beirat der Stadt Müllheim i. M. praktisch eingesetzt und bewiesen. Mit dem vorliegenden Buch möchte er die Gemeinsamkeiten verschiedener Sprachen anhand von Redewendungen für interessierte Leserinnen und Leser zugänglich machen und schafft dies auf sehr unterhaltsame Weise.

Dieses Buch hat das Potential, die Angehörigen unterschiedlicher Kulturen mittels Redewendungen für Gemeinsamkeiten zu sensibilisieren und sie zu einem Zusammenrücken zu animieren.

Sowohl Einheimische als auch Migranten werden das Buch sicherlich mit viel Spaß lesen und durch die Lektüre ihre Sprachkenntnisse bereichern.

Zu seiner wertvollen und wichtigen Arbeit möchte ich Herrn Topak gratulieren und ihm meinen herzlichen Dank für sein segensreiches Engagement aussprechen.

Martin Löffler
Bürgermeister
Stadt Müllheim im Markgräflerland

EINLEITUNG

Im Wörterbuch wird die Kommunikation als „Verständigung durch die Verwendung von Zeichen und Sprache" beschrieben.

Kommunikation ist der Austausch oder die Übertragung von Informationen, die auf verschiedene Arten und auf verschiedenen Wegen stattfinden kann.

Durch die steigende Zuwanderung nach Deutschland aus vielen diversen Ländern hat die Wichtigkeit der gesunden Kommunikation zugenommen.

Gemeinsamkeiten; gemeinsame Interessen, gemeinsame Hoffnungen, gemeinsame Sorgen, gemeinsame Perspektiven, gemeinsame Berührungspunkte (wie die Arbeitswelt), gemeinsame Ziele etc. ermöglichen das harmonische Zusammenleben der Menschen. Umgekehrt, wenn Gegensätze hervorgebracht werden, entstehen dadurch Abneigungen, Fremdenhass und Parallelgesellschaften.

Meine Motivation, dieses Buch zu verfassen, ist die Hoffnung, dass sich vielleicht mittels gemeinsamer Bedeutungen der unterschiedlichen Redewendungen, die Türen zu anderen Gemeinsamkeiten der Kulturen öffnen lassen.

Das Bewusstsein, das wir Menschen auf der Erde mit ca. 30 Buchstaben reden und schreiben, sollte ausreichend sein, um zu zeigen, wie ähnlich wir einander eigentlich sind. Unterschiede der Sprachen sind nichts weiter als unterschiedliche Anordnungen der gemeinsam verwendeten Buchstaben.

Die Kunst ist, sowohl von den Gemeinsamkeiten als auch von den Unterschieden reichlich zu profitieren. Denn wenn 10 Kerzen mit unterschiedlichen Farben angezündet werden, wird nur ein einfarbiges Licht die Finsternis durchbrechen und unsere Lebensräume erhellen.

Also möge dieses Buch dazu beitragen, nicht die unterschiedlichen Farben, sondern primär das einfarbig erleuchtende Licht in Betracht zu ziehen. Sekundär können die unterschiedlichen Farben der Kerzen angeschaut und sich über die Bereicherung der Farben und Formen gefreut werden.

Andererseits möchte ich mit diesem Werk in der heutigen Zeit, in der Kommunikation beispielsweise in Chats nur abkürzend erfolgt, wieder Aufmerksamkeit auf die über Jahrhunderte entwickelten Sprachkünste wie Redewendungen und Methapern lenken.

Das Buch wird vielleicht das „spielerische Lernen" von Redewendungen fördern. Meine Zielgruppen sind die folgenden:

- Lehrkräfte können das Buch als Lehrstoff in den Schulen verwenden.
- Sprachdozierende können das Buch in Sprachkursen verwenden.
- Familien können das Buch zu Hause als Quizspiel verwenden.
- Jede Person, die interessiert ist, kann von diesem Buch profitieren.

Ich hoffe, ich kann mit diesem bescheidenen Werk für die Gesellschaft, in der ich und meine Familie bereits jahrelang friedlich zusammenleben, etwas Gutes beitragen.

Ercan Topak

STORYTELLING

Am 29.11.2018 wurde im internationalen Beirat (Rathaus – Müllheim im Markgräflerland) beschlossen, dass ein Projekt unter dem Titel „Storytelling", also „Geschichten erzählen" gestaltet und eingeführt werden solle, um Jugendliche und junge Erwachsene vorerst in Schulen für das Thema Migration zu sensibilisieren. Es wurde eine Gruppe aufgestellt, bestehend aus vier Personen, in der mein Name auch erwähnt wurde. Allerdings konnte ich an jenem Beschluss nicht teilnehmen.

Als ich bei der nächsten Sitzung nach meiner Meinung gefragt wurde, habe ich überlegt, was ich dazu beitragen könnte!

Was denn nun? Natürlich die **Redewendungen**. Denn ich hatte das Thema bereits vor Jahren mit der türkischen Jugend aus der Region behandelt. Es funktionierte einwandfrei. Also warum nicht mit anderen Jugendlichen? Wobei sich von diesem Thema bestimmt auch Erwachsene ein Scheibchen abschneiden können.

Als ich ein Konzept erstellt hatte und es zeitnah in einer Sitzung präsentierte, waren unter anderem auch die Mitglieder des Gemeinderats beeindruckt. Diese Rückmeldung hat mir Mut verliehen, diese Arbeit aufzunehmen und fortzusetzen.

Im Oktober 2019 hat Frau Kampmann eine Aktion gestartet und folgende Einladung per E-Mail gesendet:

KINOABEND

Liebe Müllheimerinnen und Müllheimer,

*Integration läuft in Müllheim – auch im Kino!
Integration ist immer nur dann möglich, wenn
Menschen untereinander Verbindung
aufnehmen wollen, miteinander sprechen
können und auch miteinander sprechen wollen.
Sprachliche Fähigkeiten, Motivation, Toleranz,
gegenseitiges Vertrauen und Offenheit sind für
das Zustandekommen zwischenmenschlicher
Beziehungen notwendig.
Die menschliche Sprache ist der Schlüssel für
erfolgreiche Integrationsprozesse in allen
Lebenslagen und -bereichen.
Wir, der Internationale Beirat Müllheim und der
Integrationsbeauftragte der Stadt Müllheim
freuen uns darauf, mit Ihnen im Anschluss an
den Film ins Gespräch und in den Austausch zu
kommen.*

Redewendungen hier und da!

*Viele Redewendungen zaubern (lustige)
Bilder in unserem Kopf...*

*Ercan Topak vom Internationalen Beirat hat
sich damit beschäftigt:
Welche Gemeinsamkeiten und Unterschiede
gibt es bei der Anwendung von
Redewendungen?*

...kommen wir ins Gespräch...
mit Ercan Topak und weiteren Mitgliedern
des Internationalen Beirats...

Marion Kampmann

Dezernat für Bildung, Bürger, Ehrenamt
Fachbereich 51
Ehrenamt, Senioren, Integration

N ach dem Film durfte ich auftreten und das Publikum zum Gespräch über Redewendungen anregen. An jenem Abend hat das sehr gut funktioniert.

Nun sollte das Thema in den Schulen vorgestellt und falls von den Schulleitungen gewünscht, den Schülern vorgeführt werden. Leider hat die Pandemie einen Strich durch die Rechnung gezogen und bekannterweise konnten wir nicht vor den Schulklassen auftreten. Später dachte ich: „Wenn ich in einigen Schulklassen auftrete, sind es vielleicht Hunderte, die von dem Thema profitieren, aber wenn ich daraus ein Buch mache, erreicht dieses vielleicht Tausende und Zehntausende Schüler. Deshalb habe ich mich dazu entschieden, ein Buch zu veröffentlichen."

Aber nun zu meinem Vortrag an besagtem Kinoabend:

ANKOMMEN
So legte ich los... Mein Schlagwort für den Abend ist „DAS AN-KOMMEN".

Ist die Botschaft von diesem Film, den wir vorhin gemeinsam angeschaut haben, bei uns angekommen...?

Sind die Migranten in diesem Land angekommen...?

13

ES GIBT MEINER MEINUNG NACH DAS PHYSISCHE UND DAS MENTALE ANKOMMEN.
Das körperliche Ankommen muss mit dem mentalen ergänzt werden. Ansonsten bleibt es eine halbe Sache...

Unvollständiges Ankommen befriedigt weder die Migranten noch die Einheimischen...

Das Dasein von Migranten bringt Verantwortung für beide Seiten mit, sowohl für die Migranten als auch für die Empfangsgesellschaft.

Es gibt sicherlich vielfältige Ideen und viele Methoden für ein wohltuendes Zusammenleben. Meine Methode ist, die verbale (mittlerweile auch die schriftliche) Kommunikation zu vermitteln, insbesondere die REDEWENDUNGEN.

EMPFEHLUNG
Wenn mich Migranten fragen: „Was empfiehlst du uns, um in Deutschland erfolgreich zu werden?", sage ich: „Versucht die Sprache gut zu lernen. Lernt am besten noch einige Redewendungen und verwendet sie in Alltagsgesprächen." Denn die Redewendungen bauen Sympathien und somit Brücken zwischen den Menschen bzw. ihren Kulturen auf.

KOMMUNIKATION

Als ich mir Gedanken über die Wesen, die um mich herum sind, gemacht habe, wurde mir schnell klar, dass weitgehend alles miteinander kommuniziert. Ansonsten würde die universale Harmonie nicht funktionieren.

Das konkreteste Kommunikationsmittel für Menschen ist die Sprache, die durch die Stimmbänder verursacht und mit Hilfe der daraus resultierenden Buchstaben ausgesprochen wird.

Die Sprachtechniken werden seit antiken Zeiten immer wieder geschliffen, verschönert und bereichert zum Beispiel mit **Sprichwörtern und Redewendungen.**
Mittlerweile bin ich davon überzeugt, dass angewandte Redewendungen bedeutende Erfolge bewirken, denn sie unterbinden unterbewusst die Angst vor dem Fremden.

Ein Beispiel: Ich sehe einen Menschen aus einem afrikanischen Land, der eine andere Hautfarbe hat, sich anders anzieht, über eine völlig fremde Sprache verfügt. Automatisch bewertet ihn mein Verstand – der mittels Gegenüberstellung vergleicht und kategorisiert – als einen Fremden. Wenn ich aber höre, dass er die Sachen und Geschehnisse zwar mit anderen Worten, aber mit dem gleichen Sinn versteht und bewertet, baue ich auf eine natürliche Ebene die imaginären Wände zwischen ihm und mir ab. Und das geschieht meistens auf eine natürliche Art und Weise, also im Unterbewusstsein.

Wir sehen um uns herum anderssprachige, andersfarbige, andersgläubige und andersdenkende Menschen. Diese Unterschiede sind nicht schlimm, schlimm können nur die Verhaltensweisen sein, die in keiner der Kulturen Akzeptanz finden.

Anschließend habe ich einige kurze Geschichten erzählt und nach passenden Redewendungen gefragt. Erstaunt sah ich, dass meine Zuschauer viele Redewendungen im Repertoire hatten. So ging der Abend zu Ende.

GEMEINSAMKEITEN DURCH REDEWENDUNGEN

Mein Teil beim Projekt Storytelling hat drei Ziele:

a. **Aufbau von internationalen Sympathie-Brücken durch Redewendungen.**
b. **Die Integration der Redewendungen in den Alltagsgesprächen; zu Hause mit Familienangehörigen, unter Arbeitskollegen, in Vereinen usw.**
c. **Die Bekanntmachung der Redewendungen der anderen Sprachen bzw. Kulturen.**

Allerdings gibt es auch andere Kommunikationsmittel.

Stimmen kommunizieren.
Farben kommunizieren.
Schriften kommunizieren.
Zeichen kommunizieren – z. B. Mimik und Gestik bei den Menschen.

Beispiele für die Kommunikation der Farben:
Eine grüne Aprikose sagt uns: „Wenn du mich isst, kannst du Bauchschmerzen bekommen."

Wenn bei der Ampelanlage das rote Licht leuchtet, bedeutet das: Du musst stoppen und darfst wieder fahren, wenn die Ampel grün leuchtet.

Ihr kennt auch sicherlich Dinge, die durch ihre Farben mit uns sprechen. Möchte jemand von euch auch Beispiele vortragen?

....

....

....

DIE SPRACHLICHEN/RHETORISCHEN STILMITTEL

Neben Redewendungen gibt es noch weitere sprachliche Gestaltungsmittel in der deutschen Sprache, die mit knappen Sätzen an dieser Stelle erwähnt werden.

Was sind die häufig angewendeten Stilmittel?

Die wichtigsten sprachlichen und rhetorischen Stilmittel sind für mich Metapher, Metonymie, Ironie, rhetorische Frage, Anapher, Hyperbel und Personifikation.

METAPHER

Metapher bedeutet „Übertragung". Eine Metapher ist ein sprachliches Bild. Bei diesem Stilmittel der deutschen Sprache geht es oft um die Bildlichkeit von Sachverhalten. Gegebenheiten werden bildlich dargestellt.

Zwischen Redewendungen und Metaphern gibt es kaum einen Unterschied. Redewendungen enthalten Metaphern, eine Metapher ist aber nicht immer eine Redewendung.

In diesem Buch werde ich auf das interessante Thema „Metapher" nicht weiter eingehen, da jedoch unsere Redewendungen Metaphern enthalten, möchte ich ein paar Beispiele nennen.

„Sie bricht ihm das Herz." Bedeutung: Sie hat ihn traurig gemacht.
„Er sucht die Nadel im Heuhaufen." Bedeutung: Diese Metapher drückt aus, wie schwierig oder aussichtslos eine Suche ist.
„Was du erzählst, ist doch Schnee von gestern." Bedeutung: Was du erzählst, ist alt; nicht mehr aktuell.

„Die Sonne lacht heute." Bedeutung: Heute ist ein sonniger Tag.
„Sie wirft ein Auge auf das frische Obst und Gemüse." Bedeutung: Beim Einkaufen ist sie aufmerksam auf das frische Obst und Gemüse geworden.
„Ein Tropfen auf dem heißen Stein." Bedeutung. Eine Kleinigkeit ist so wenig, dass sie keine Wirkung hat.
„Die größte Flüchtlingswelle seit 1945 war in Europa im Jahre 2015." Bedeutung: In diesem Satz ist das Wort **„Flüchtlingswelle"** ein metaphorischer Ausdruck und bedeutet Flüchtlingsbewegung.

METONYMIE
Metonymie bedeutet: „Namensvertauschung, Umbenennung."

Bei einer Metonymie wird ein Begriff mit einem unmittelbar verwandten Begriff ersetzt, bzw. man setzt einen Begriff ein, der eigentlich für mehr steht als nur das Gemeinte.

Beispiele:
„Heute wird ein Telefonat zwischen Ankara und Berlin die aktuellen Gegebenheiten klären." Bedeutung: Das Telefongespräch wird nicht zwischen den Hauptstädten ANKARA und BERLIN geführt, sondern zwischen den Regierungschefs.
„London hat darauf positiv reagiert." Bedeutung: Nicht die Stadt London, sondern die britische Regierungsverwaltung bzw. der Premierminister hat darauf positiv reagiert.
„Er hat den ganzen Teller aufgegessen und das große Glas getrunken." Bedeutung: Er hat das ganze Essen auf dem Teller aufgegessen und das Wasser im großen Glas ausgetrunken.

Bei einer Metapher wird lediglich etwas verbildlicht. Die Besonderheit bei der Metonymie ist dagegen, dass ein Wort durch einen verwandten, meist weitläufigeren Begriff (z. B. Ort für Personen, Gefäß für Inhalt) ersetzt wird.

IRONIE

Ironie ist ein literarisches Stilmittel, bei dem **das Gegenteil von dem, was gemeint ist, ausgedrückt** wird. Es kann verwendet werden, um **Kritik oder Spott** auf eine raffinierte oder **humorvolle Weise zu äußern**. Das Stilmittel erfordert oft, dass der Leser oder Zuhörer den tatsächlichen Kontext oder die **Absicht hinter den Worten versteht**, um den ironischen Aspekt wahrzunehmen.

Wenn jemand etwas Schlechtes tut und du sagst: **„Na großartig. Das hast du super gemacht"**, meinst du das nicht wörtlich, sondern ironisch. Damit möchtest du sagen: **„Du hast das schlecht gemacht."**

Gesten, Zwinkern oder verstellte Stimmen verraten, dass es sich um eine Ironie handelt. Wenn jemand draußen in der Kälte auf den Bus wartet, **„Wie sehr ich den Winter liebe."** sagt und dabei vor Kälte zittert, denkt er gerade das Gegenteil vom dem, was er sagt.

RHETORISCHE FRAGE

Mit einer rhetorischen Frage können Aussagen verstärkt werden, um die eigene Meinung auszudrücken, z. B. **„Muss dieses Verhalten denn wirklich sein?"** (statt) **„Dieses Verhalten muss nicht sein."**

ANAPHER

Anapher bedeutet, dass ein Wort am Anfang wiederholt wird: z. B. **„Hier bin ich Mensch, hier darf ich sein."** (Faust, Goethe/www.welt.de_Hier bin ich Mensch, hier darf ich sein)

HYPERBEL

Eine Hyperbel ist eine starke Übertreibung, z. B. **„Ich habe auf den Zug unendlich lange gewartet.", „Ich bin todmüde."** oder **„Ich habe dir das schon tausend Mal gesagt."**

PERSONIFIKATION

Eine Personifikation ist eine Stilfigur, bei der nichtmenschlichen Dingen menschliche Eigenschaften zugewiesen werden, z. B.: **„Die Kirschen lächeln mich an.", „Der Wind heult durch die Bäume."** oder **„Die Chancen rennen uns davon."**

GUTE UND GELUNGENE KOMMUNIKATIONEN FÜHREN ZU GESUNDEN BEZIEHUNGEN

Kommunikation zwischen Ehepartnern, Eltern und Kindern, Lehrkräften und Schülern, Arbeitgebern und Arbeitnehmern ist wichtig. So auch zwischen unterschiedlichen Religionsangehörigen und Völkern.

Das Hauptkommunikationsmittel der Menschen ist die verbale Sprache. Die Menschen sprechen mit Wörtern und die kleinsten Bausteine sind die Buchstaben.

Die Buchstaben bilden die Wörter und die Wörter bilden die Sätze, die wir aussprechen. Wir kommunizieren mit den gleichen Buchstaben nur in unterschiedlichen Wortaufbauten. Baustoffe bestehen weltweit aus ca. 30 Buchstaben, aber Wörter sind sehr viele.

Deutsch: „WIE GEHT ES IHNEN?"
Türkisch: „NASILSINIZ?"
Englisch: „HOW ARE YOU?"
Arabisch: „KAIFA HĀLUKA?"
Französisch: „COMMENT ALLEZ-VOUS?"
Italienisch: „COME STAI"
Kroatisch: „KAKO STE"

Bei jeder Sprache werden die Bausteine anders aufgestellt, aber der Sinn bleibt immer der gleiche.

Der Honig heißt in der Mandinka-Sprache „LIYO", im Türkischen „BAL", im Serbischen „MED" und auf Italienisch „MIELE".

Auch hierbei sehen wir, dass die Bausteine (Buchstaben) anders aufgestellt sind, aber die Bedeutung die gleiche ist. So wie, wenn mehrere Kerzen mit unterschiedlichen Farben nebeneinandergestellt und angezündet werden. Man wird bald sehen, dass ihre Lichter gleich sind, nur mit dem Unterschied, dass jede weitere Kerze mehr Licht produziert (Synergie).

GLEICHBEDEUTENDE REDEWENDUNGEN

„WER ARBEITET, BLEIBT FIT."
Türken sagen: *„Das Eisen, das im Einsatz ist, rostet nicht."*
Deutsche sagen: *„Wer rastet, der rostet."*

„WER ZUERST KOMMT, PROFITIERT ZUERST."
Gambier sagen: *„Eine Kuh, die zuerst an den Brunnen kommt, trinkt das reinste Wasser."*
Deutsche sagen: *„Wer zuerst kommt, mahlt zuerst."*

„ALLES GLEICH BEURTEILEN, NICHT DIFFERENZIEREN"
Deutsche sagen: *„Alles in einen Topf werfen."*
Italiener sagen: *„Alle Kräuter zu einem Bund binden."*

„NICHT GEEIGNET SEIN"
Wenn eine nicht geeignete Person für eine Aufgabe bestimmt wird, heißt es auf Deutsch: *„Der Bock wurde zum Gärtner gemacht."*
Araber sagen: *„Wenn eine Gazelle krank ist, schicke nicht den Löwen sie zu untersuchen."*
Türken sagen: *„Der Fuchs wurde zum Rebenwächter gemacht."*

„MAN KANN NICHT ALLES HABEN"
Kurden sagen: *„Nüsse sind vorhanden, aber keine Zähne, Zähne sind vorhanden, aber keine Nüsse."*

Türken sagen: „**Die Hitze des Ofens wurde erreicht, aber der Teig ging zu Ende, die Gegebenheiten sind gereift, aber das Leben ging zu Ende.**"

„KLUG HANDELN"

„*Fälle nicht den Baum, der dir Schatten spendet.*" (Arabische Weisheit)

„*Säge nicht an dem Ast, auf dem du sitzt.*" (Deutsche Weisheit)

„ACHTSAMKEIT"

Niederländisches Sprichwort: „*Wer Butter auf dem Kopf hat, sollte die Sonne meiden.*"

Die Deutschen sagen: „*Wer im Glashaus sitzt, sollte nicht mit Steinen werfen.*"

Wenn Musa aus Gambia bei der Arbeit sagt: „*Es ist nicht aller Tage Montag.*" Erinnern sich seine deutschsprachigen Arbeitskollegen an die Redewendung: „*Es ist noch nicht aller Tage Abend.*" *Allerdings haben die Redewendungen unterschiedliche Bedeutungen.*

„ANALOGIE"

Ein Schüler liest ein Gedicht. Wir wissen, dass sein Vater ein Dichter ist. In der deutschen Sprache passt zu dieser Situation die folgende Redewendung: „*Der Apfel fällt nicht weit vom Stamm.*"

In der türkischen Sprache wird gesagt (sinngemäße Übersetzung): „*Die Birne fällt zum Stammboden hinunter.*"

In der (Gambia) Mandinka-Sprache heißt es: „*Wenn die Giraffe springt, wird ihr Baby nicht krabbeln.*"

Ich empfehle nicht nur den Migranten, die Redewendungen im Sprachgebrauch zu integrieren, sondern auch den Einheimischen. Nehmen bitte auch Sie die Redewendungen in Ihre Agenda auf. Lassen Sie diesen Teil der Sprachkultur nicht in Vergessenheit geraten. Wichtig ist auch, dass Redensarten die nächsten Generationen erreichen.

Kennst Du auch Redewendungen in unterschiedlichen Sprachen, die sich ähneln?

....

....

....

KURZGESCHICHTEN
MIT
REDEWENDUNGEN

1 AUSBILDUNGSPLATZ

Nicole ist auf der Suche nach einem Ausbildungsplatz. Sie erzählt ihrem Vater, dass sie ausschließlich Absagen erhalten hat. Als sie sieht, dass ihr Vater völlig verzweifelt ist, erinnert sie sich an eine Redewendung und sagt:

„Papi, mach dir keine Sorgen! *Ich habe noch ein Eisen im Feuer.*"

AUFGABE

1) Was hat Nicole mit der Redewendung gemeint?

Bedeutung: „Mehrere Eisen im Feuer haben.“ Sich mehrere Möglichkeiten offenhalten.

Herkunft: Diese Redewendung stammt aus der Zeit vor der Einführung des elektrischen Stroms. Die Bügeleisen wurden mit Einsätzen aus Eisenkernen betrieben, welche im Ofenfeuer vorgeheizt wurden. Die kluge Hausfrau hatte „mehrere Eisen im Feuer“, um nach Auskühlen des Einsatzes das nächste einschieben zu können.

2 PRÜFUNGSVORBEREITUNG

Ali ist 14 Jahre alt und besucht die Realschule. Eines Tages spricht ihn sein Lehrer an und fragt:

- „Ali, du hast bei den letzten beiden Klassenarbeiten gefehlt, wie willst du sie aufholen?"

Ali:

- „Nicht schlimm, Herr Müller. *Kurze Haare sind bald gekämmt.*" (1)

Herr Müller:

- „Ali, *du lehnst dich zu weit aus dem Fenster.*" (2)

1) Was hat Ali mit der Redewendung gemeint?
2) Was hat der Lehrer mit der Redewendung gemeint?

Bedeutung der ersten Redewendung: „Kurze Haare sind bald gekämmt." Diese Redensart bedeutet, dass eine einfache Sache schnell abgemacht sei.

Herkunft: In diesem Wortlaut erschien das Sprichwort bereits 1880 im Deutschen Sprichwörter-Lexikon als hochdeutsche Erklärung für das Sprichwort „Kurze Borsten sind bald bürst."

Bedeutung der zweiten Redewendung: „Sich zu weit aus dem Fenster lehnen." Sich weit vorwagen; ein Risiko eingehen; eine riskante Aussage treffen; etwas versprechen, das man eventuell gar nicht halten kann.

Herkunft: umgangssprachlich, hängen: selten; Die seit den 1970er Jahren gebräuchliche Wendung leitet sich von der Vorstellung ab, dass jemand Gefahr läuft, hinauszufallen, wenn er sich zu weit aus dem Fenster lehnt.

3 URLAUBSPLANUNG

Am Abend trifft sich die Familie Hasani (aus Syrien) zum Abendessen. Der Vater sagt:
- „Der Laden (kleines Restaurant) läuft wunderbar, wir können uns dieses Jahr einen teuren Urlaub gönnen."

Die Mutter:
- „Bei dem Vorbesitzer lief das Geschäft doch nicht so gut, jetzt auf einmal soll es gut laufen!? *Ich denke, der Schein trügt.*" (1)

Der Vater entgegnet den Spruch mit der folgenden arabischen Redewendung:
- *„Es hängt von dem Reiter ab, ob das Pferd gut läuft."* (2)

Kaum hat der Vater seinen Satz beendet, sagt die Mutter:
- „Mach trotzdem erst einmal langsam bitte, und verspreche den Kindern nichts, was du nicht einhalten kannst. *Man soll den Tag nicht vor dem Abend loben.*" (3)

Vater:
- „Hör doch auf mit der Schwarzmalerei, wir verdienen doch ordentlich."

Mutter:
- „Ich kenne dich doch, *du betrachtest die Dinge immer durch die rosarote Brille.*" (4)

Die Tochter Fatima übernimmt das Wort und sagt:
- „Mama, warum bist du immer so pessimistisch? Du kannst deine Einstellung auch mal ändern und... *das Glas halb voll sehen.*" (5)

Mutter:

- „Fatima, **bleib du mal bitte auf dem Teppich**. (6) Wir sollten für eure Zukunft erst einmal gut Geld sparen."

Der Sohn Walid:

- „Doch, Mami, ausnahmsweise hat Fatima recht. Du solltest auch mal die **alten Zöpfe abschneiden**. (7) Über uns braucht ihr euch keine Sorgen zu machen, wir verdienen unser Geld selbst."

AUFGABE

1) Was hat die Mutter mit der Redewendung gemeint?
2) Was hat der Vater mit der Redewendung gemeint?
3) Was hat die Mutter mit der Redewendung gemeint?
4) Was hat die Mutter mit der Redewendung gemeint?
5) Was hat die Tochter Fatima mit der Redewendung gemeint?
6) Was hat die Mutter mit der Redewendung gemeint?
7) Was hat der Sohn Walid mit der Redewendung gemeint?

Bedeutung der ersten Redewendung: „Der Schein trügt."
Es ist nicht so, wie es den Anschein hat; die Realität ist anders, als es auf den ersten Blick aussieht.

Herkunft: Dieser Spruch wird sowohl gebraucht, wenn etwas besser, als auch wenn etwas schlechter ist, als es den Anschein hat. Er wird verwendet, wenn die Täuschung natürlich oder zufällig entstanden ist, aber auch, wenn sie absichtlich erzeugt wurde. Schon Johann Gottfried Seume schrieb 1805 dazu: „Denn wer in der Welt nicht sogleich Gold von außen hat oder durch den Anschein verspricht, ist in Ewigkeit ein Lump, wie sich unsere feinen Leute ausdrücken, auch wenn er in der Tasche nach Dukaten wühlte. Es kommt überall nur auf den Schein an. Man braucht weder gelehrt noch weise noch brav noch gut noch gerecht zu sein; wenn man nur so aussieht, als ob man es alles wäre."

Bedeutung der zweiten Redewendung: „Es hängt von dem Reiter ab, ob das Pferd gut läuft." Es hängt von dem Betreiber ab, wie das Geschäft läuft.

Herkunft: Arabische Redewendung. Keine Angaben gefunden, woher sie herrührt.

Bedeutung der dritten Redewendung: „Den Tag nicht vor dem Abend loben.“ Etwas nicht voreilig bewerten.

Herkunft: Abwandlung eines Bibelspruchs: **„Rühme dich nicht des morgigen Tages; denn du weißt nicht, was der Tag bringt.“** (Sprüche, 27, 1)

Bedeutung der vierten Redewendung: „Etwas durch die rosarote Brille sehen.“ Etwas in einem zu positiven Licht sehen und ein unrealistisches Weltbild haben.

Herkunft: Keine Angaben gefunden.

Bedeutung der fünften Redewendung: „Das Glas halb voll sehen.“ Wer das Glas halb voll sieht, ist optimistischer Natur – wer es halb leer sieht, ist pessimistischer Natur. Die einen orientieren sich am Guten, die anderen fürchten das Schlimmste.

Herkunft: Keine klaren Angaben gefunden.

Bedeutung der sechsten Redewendung: „Auf dem Teppich bleiben“ ist eine sehr beliebte Redewendung, die zum Ausdruck bringt, dass man nicht übertreiben soll. Das kann auf verschiedene Weise gemeint sein – sowohl in einer Beziehung, bei einer Geschäftsidee oder auch im Sport. Ursprung ist die einfache Andeutung, dass man mit beiden Beinen am Boden bleiben soll und nicht abheben sollte – der Teppich gilt hier als Symbol für die Bodenständigkeit.

Herkunft: Auch hier wie bei fast allen Redewendungen aus dem Mittelalter. Wenn man mit dem König sprechen wollte, gab er seinem Volk die Möglichkeit dazu. Dazu wurde im Thronsaal ein Teppich ausgelegt, der weit vor dem Thron endete. Weil das Ende vom Teppich aber so weit weg war und die Bauern aber nicht unhöflich sein wollten, wollten sie bis kurz vor dem Thron um mit Ihrem König zu sprechen. Die Bauern (meist mit verschmutzter Kleidung und Schuhen) wurden dann angewiesen auf dem zu Teppich bleiben, weil es nur dem König und seinem Hofvolk erlaubt war, den Marmor- oder Eichenparkettboden zu betreten.

Bedeutung der sechsten Redewendung: „Die alten Zöpfe abschneiden." Die Redewendung wird oft gebraucht, wenn man ausdrücken will, dass eine Veränderung bei der Person oder in der Gesellschaft dringend notwendig ist.

Herkunft: Im 18. Jahrhundert trugen viele Männer, besonders Adelige, Zöpfe. Der Zopf war sogar die offizielle Haartracht der Soldaten. Zu Beginn des 19. Jahrhunderts wurden Zöpfe bei Männern zum Sinnbild für Rückständigkeit und man schnitt diese alten Zöpfe ab.

4 RECHTZEITIGES HANDELN

Die Schulnoten von Stephanie sehen miserabel aus. Die Wahrscheinlichkeit, dass sie sitzen bleibt, ist sehr hoch. Als die Eltern zur Klassenlehrerin kommen und mitteilen, dass sie sofort was dagegen unternehmen werden, sagt die Lehrerin:

- Das hätten Sie vorher machen sollen, *„jetzt ist das Kind schon in den Brunnen gefallen."*

1) Was hat die Klassenlehrerin mit dieser Redewendung gemeint?

Bedeutung der Redewendung: „Das Kind ist in den Brunnen gefallen." Es ist zu spät. Das Unglück ist schon geschehen. Warten Sie bitte nicht, bis das Kind in den Brunnen gefallen ist!

Herkunft: Die Redewendung geht auf alte, in mehreren Varianten vorhandene Sprichwörter zurück und ist schon sehr alt. Bereits Sebastian Franck führt es 1541 in seiner Sammlung auf: „Den Brunnen schließen, so dass Kindt ersoffen ist." (www.rendensarten-index.de Sebastian Franck – Den Brunnen schließen, so dass Kindt ersoffen ist)

Redensarten über den vorhersehbaren Verlust sind seit der Antike in Varianten bekannt, zum Beispiel: „Den Stall erst abschließen, wenn die Kuh gestohlen ist."

5 GEWOHNHEITEN

Sophia geht einkaufen, unterwegs trifft sie Melissa.

Melissa:
- „Hallo Sophia, wo gehst du hin?"

Sophia:
- „Ich muss in die Bäckerei Klotz, um für meinen Bruder Brot zu kaufen. Danach gehe ich zum Edeka."

Melissa:
- „Kauf doch das Brot auch von Edeka, wenn du schon hingehst."

Sophia:
- „Nein, kann ich nicht machen... **Was der Bauer nicht kennt, frisst er nicht.** Mein Bruder isst lediglich das Brot von der einen Bäckerei, sonst nichts."

AUFGABE

1) Was hat Sophia mit dieser Redewendung gemeint?

Bedeutung der Redewendung: „Was der Bauer nicht kennt, frisst er nicht.“ Jemand ist Neuem gegenüber nicht aufgeschlossen und bevorzugt das, mit dem er vertraut ist.

Herkunft: Keine klaren Angaben gefunden.

6 EHRGEIZ

Ismail geht mit seinem Vater ins Kino und schaut einen Science-Fiction-Film an.

Ismail:
- „Papa, könnte es sein, dass diese Technologie, die sie gezeigt haben, bereits existiert?"

Vater:
- „Ich denke schon. Ich habe das Mal in einer wissenschaftlichen Zeitschrift gelesen."

Ismail:
- „Das interessiert mich sehr. Weißt du vielleicht noch, was genau darübergeschrieben wurde?"

Vater:
- *„Das kann ich dir nicht aus dem Stegreif sagen*, (1) aber ich werde die Zeitschrift für dich suchen."

Nun findet der Vater die Zeitschrift und sagt:
- „Hier mein Sohn. Lies die ganze Zeitschrift, es sind auch andere wichtige Dinge drin."

Ismail:
- „Das werde ich auf jeden Fall tun. Dann kann ich... *zwei Fliegen mit einer Klappe schlagen*. (2) Zum einen mein flüssiges Lesen trainieren und zum anderen meine Allgemeinbildung erweitern."

Nun nimmt er die Zeitschrift in die Hand und liest drei Seiten, dann legt er die Zeitschrift auf die Seite und geht an sein Smartphone.

Vater:

- „Sohnemann, warum hast du so schnell... **die Flinte ins Korn geworfen**?" (3)

1) Was hat der Vater mit der Redewendung gemeint?
2) Was hat Ismail mit der Redewendung gemeint?
3) Was hat der Vater mit der Redewendung gemeint?

Bedeutung der dritten Redewendung: „Aus dem Stegreif"
Diese Redewendung bedeutet, dass jemand etwas ohne Vorbereitung umsetzt bzw. vorträgt. Gerade bei Vorträgen oder Antworten spricht man von „Aus dem Stegreif", wenn die Person, ohne zu überlegen sofort den richtigen Ton trifft.

Herkunft: Die Redewendung „Aus dem Stegreif" stammt noch aus einer Zeit, als die Menschen sich mit Pferden fortbewegten. Der sogenannte Stegreif ist eine alte Bezeichnung für den Steigbügel bzw. die Seilschlaufen. Diese dienten den Reitern damals als Steigbügel. Wenn also jemand etwas aus dem Stegreif vollbrachte, bedeutet es, dass er dafür nicht mal vom Pferd absteigen musste.

Die Redensart bezieht sich daher auf einen eiligen Reiter, der noch schnell etwas erledigen muss, ohne sich die Zeit zum Absteigen zu nehmen.

Bedeutung der zweiten Redewendung: „Zwei Fliegen mit einer Klappe schlagen." Zwei Dinge mit einer Aktion erledigen.

Herkunft: Es ist anzunehmen, dass die Redewendung „Zwei Fliegen mit einer Klappe schlagen" ihren Ursprung bei einigen noch älteren Redewendungen hat. Diese Redewendungen haben allesamt gemeinsam, dass das Erreichen mehrerer Ziele mit einer einzigen Handlung erfolgt. Möglicherweise geht sie auch auf das bekannte Märchen „das tapfere Schneiderlein" der Gebrüder Grimm zurück. Wenn Du das Märchen kennst, dann weißt du, dass das tapfere Schneiderlein mit einem einzigen Schlag sieben Fliegen gleichzeitig erschlägt, was seine Tapferkeit unterstreicht („Sieben auf einen Streich"). Die Klappe in dem Sprichwort kann auch als Klatsche bezeichnet werden, weil man ja Fliegen gewöhnlich mit einer Klatsche erschlägt. Diese Bezeichnung ist aber wiederum von Region zu Region verschieden.

Bedeutung der dritten Redewendung: „Die Flinte ins Korn werfen." Vorschnell aufgeben, den Mut verlieren.

Herkunft: Man nennt es „die Flinte ins Korn werfen", weil sich diese Redewendung ursprünglich auf Soldaten bezog, die in einem aussichtslosen Kampf lieber kapitulierten und wortwörtlich ihre Waffe wegwarfen. Vor allem Söldner zogen es oft vor, ihre Gewehre ins Feld zu werfen und aufzugeben, anstatt im Kampf ihr Leben zu lassen.

7 EHRLICHKEIT IST HERRLICHKEIT

Frederic hat seine drei Lehrjahre hinter sich und die Abschlussprüfungen stehen nun vor der Tür.

Seine Mutter:
- „Frederic, hast du dich für die Prüfungen gut vorbereitet?"

Frederic:
- „Ehrlich gesagt, nein, Mama, ich werde sie aber **mit Ach und Krach** (1) schaffen. Im schlimmsten Fall wird mir Florian Spickmöglichkeiten verschaffen."

Die Mama:
- „Mein Sohn, **willst du dich mit fremden Federn schmücken**?" (2)

AUFGABE

1) Was hat Frederic mit der Redewendung gemeint?
2) Was hat seine Mama mit der Redewendung gemeint?

Bedeutung der ersten Redewendung: „Mit Ach und Krach."
Nur mit größter Mühe/Anstrengung; mit knapper Not geschafft.
Etwas unter Ächzen und Stöhnen (mit viel Anstrengung verbunden) bewerkstelligt?

Herkunft: Keine Angaben gefunden. Allerdings können wir sagen: **„Mit Ach und Krach"** ist eine Redensart aus der Gruppe der Redewendungen, die sich aus Reimen zusammensetzen so wie **„Das ist unter Dach und Fach."**

Bedeutung der zweiten Redewendung: „Sich mit fremden Federn schmücken" Diese Redewendung bedeutet, dass jemand die Verdienste von jemand anderem als seine eigenen ausgibt. Er bekommt also Lob und Anerkennung für Dinge, die er gar nicht getan hat.

Herkunft: Die Wendung geht auf eine äsopische Fabel zurück, in der sich eine Krähe mit ausgefallenen Pfauenfedern schmückt.

8 GIUSEPPE WEISS BESCHEID

Giuseppe hat seinen Führerschein bereits mit 17 gemacht und an seinem 18. Geburtstag erhalten. Nun möchte er sofort ein Auto kaufen. Schließlich hat er 5.400 Euro dafür zur Seite gelegt. Als er aus der Haustür gehen möchte, hält sein Vater ihn auf und sagt:
- „Giuseppe! Pass bitte auf. **Nicht, dass du die Katze im Sack kaufst.**" (1)

Giuseppe:
- „Papa, **ich bin doch nicht auf den Kopf gefallen**. (2) **Ich lasse mich doch nicht über den Tisch ziehen**." (3)

Die Mutter:
- „Kauf lieber das Auto vom Autohaus, das wir uns angeschaut haben, anstatt das vom Auto Bazaar, auch wenn das vom Bazaar dir besser gefällt. **Besser ein Spatz in der Hand als eine Taube auf dem Dach.**" (4)

Giuseppe:
- „Liebe Mama, **no risk, no fun (Kein Risiko, kein Spaß)**." (5)

AUFGABE

1) Was hat der Vater mit der Redewendung gemeint?
2) Was hat Giuseppe mit der Redewendung gemeint?
3) Was hat Giuseppe mit der Redewendung gemeint?
4) Was hat die Mutter mit der Redewendung gemeint?
5) Was hat Giuseppe mit der Redewendung gemeint?

Bedeutung der ersten Redewendung: „Die Katze im Sack kaufen." Etwas kaufen, ohne es vorher gesehen/geprüft zu haben; sich auf etwas Unbekanntes einlassen.

Herkunft: Diese Redewendung geht darauf zurück, dass betrügerische Händler im Mittelalter ihren unachtsamen Kunden oft wertlose Katzen statt Hühnern, Ferkeln oder Kaninchen unterjubelten und sich auf diese Weise bereicherten.

Bedeutung der zweiten Redewendung: „Nicht auf den Kopf gefallen sein." Nicht dumm sein; (sich) zu helfen wissen.

Herkunft: Die Redewendung hat ihren Ursprung wohl in einer schon früher ernst gemeinten Annahme: Eine Kopfverletzung kann einen geistigen Schaden nach sich ziehen.

Bedeutung der dritten Redewendung: „Jemanden über den Tisch ziehen." Die Unwissenheit oder Unachtsamkeit einer Person ausnutzen, um sich selbst einen Vorteil zu verschaffen; jemanden übervorteilen; jemanden hereinlegen; jemanden mit einer List betrügen; jemanden abzocken.

Herkunft: Die erst im 20. Jahrhundert entstandene Redewendung stammt aus der in Bayern praktizierten Sportart Fingerhakeln. Dabei gilt es, den am Tisch gegenübersitzenden Gegner mit dem Mittelfinger zu sich herüberzuziehen. Küpper dagegen sieht als Ursprung die Prügelstrafe: Knaben legte man auf den Tisch, um sie auf den Hintern zu schlagen. Diese These wird dadurch unterstützt, dass in der Literatur „über den Tisch ziehen" oft in Zusammenhang mit Prügel genannt wird, z. B.: „So hatte er den Burschen über den Tisch gezogen und ihm mit seinem Lederkoppel fünfundzwanzig aufgezählt." (www.redensarten-index.de/Küpper dagegen sieht als Ursprung die Prügelstrafe)

Bedeutung der vierten Redewendung: „Besser ein Spatz in der Hand als eine Taube auf dem Dach." Die Redewendung „Ein Spatz in der Hand ist besser als eine Taube auf dem Dach" bedeutet, dass man sich mit dem zufrieden geben soll, was man sicher hat. Selbst wenn es so erscheint, als wäre dies nicht sehr viel wert. Den Spatzen hat man sicher in der Hand, die Taube auf dem Dach kann aber jederzeit davonfliegen.

Herkunft: Der Ursprung des Spatzen-Tauben-Sprichworts ist nicht endgültig geklärt. Manche Erklärungen verweisen auf eine grob passende Bibelstelle im Lukasevangelium. Andere vermuten die Herkunft in dem lateinischen Sprichwort „Ein gefangener Vogel ist besser als tausend im Gras".

Bedeutung der fünften Redewendung: „no risk, no fun (Kein Risiko, kein Spaß)." Ähnlich bedeutende Redewendung im Deutschen: **„Wer nicht wagt, der nicht gewinnt."**

Hinweis: Diese Redewendung ist mit Vorsicht zu genießen! Mut ist zwar eine positive Eigenschaft des Menschen, aber mit Risikofreudigkeit sollte man eher vorsichtig umgehen, damit wir weder uns noch den anderen dabei Schaden anrichten.

9 HASAN STUDIERT DOCH WEITER

Hasan hat sein Studium als Chemiker absolviert. Seine Familie ist sehr stolz auf ihn. Die Tante empfiehlt ihm, noch das Doktoratsstudium zu machen.

Hasan:
- „Tante, ich bin derzeit durch die Schule sehr ermüdet. Vielleicht denke ich später daran, aber jetzt möchte ich mich erstmal eine Zeit lang ausruhen."

Farid (der kleine Bruder, der alles besser weiß):
- *„Man muss das Eisen schmieden, solange es heiß ist."* (1)

Hasan:
- *„Was versteht eine Fliege vom Flug des Adlers?"* (2)

Farid:
- *„Ich bin kein Huhn, aber ich weiß, wann ein Ei faul ist."* (3)

Die Tante:
- „Hasan, dein Bruder hat recht. Ein arabisches Sprichwort sagt: *Wer Honig essen will, der ertrage das Stechen der Bienen."* (4)

Hasan:
- „Na gut, liebe Tante, ich werde es wahrscheinlich machen: *Der Krug geht so lange zum Brunnen, bis er bricht."* (5)

1) Was hat Farid mit der Redewendung gemeint?
2) Was hat Hasan mit der Redewendung gemeint?
3) Was Farid mit der Redewendung gemeint?
4) Was hat die Tante der Redewendung gemeint?
5) Was hat Hasan mit der Redewendung gemeint?

Bedeutung der ersten Redewendung: „Das Eisen schmieden, solange es heiß ist." Die Gelegenheit nutzen, solange sie da ist.

Herkunft: In der Antike wie auch im Mittelalter und der Moderne war und ist Eisen ein häufig verwendetes Material zum Schmieden. Es kann nur verformt werden, solange es heiß und somit auch weich genug ist, ansonsten bricht es eher, als dass es verformt wird.

Bedeutung der zweiten Redewendung: „Was versteht eine Fliege vom Flug des Adlers?" Wie möchte jemand über etwas eine Meinung äußern, worüber er keine Ahnung hat?

Herkunft: Keine klaren Angaben gefunden.

Bedeutung der dritten Redewendung: „Ich bin kein Huhn, aber ich weiß, wann ein Ei faul ist." Man muss nicht unbedingt in der Haut desjenigen stecken, um seinen Zustand zu beurteilen. Das kann man auch als außenstehende Person.

Herkunft: Keine klare Herkunft gefunden.

Bedeutung der vierten Redewendung: „Wer Honig essen will, der ertrage das Stechen der Bienen." Wer etwas Wertvolles haben möchte, muss auch dafür bezahlen können.

Herkunft: Arabisch

Bedeutung der vierten Redewendung: „Der Krug geht so lange zum Brunnen, bis er bricht." Jemand treibt etwas so lange, bis er Schaden nimmt.

Herkunft: Das Sprichwort war bereits im Mittelalter bekannt. Das weiß man daher, da es eine Sprichwortsammlung aus dem 13. Jahrhundert gibt, in dem es enthalten ist. Eventuell hat die Redewendung biblischen Ursprung.

10 INDUSTRIE

Ahmed und Giovanni sind in einem Unternehmen, das Spritz-guss-Teile produziert, als Schichtführer tätig. Sie gehen zu ihrem Abteilungsleiter.

Giovanni:
- „Chef, um die angestiegenen Aufträge fertigen zu können, benötigen wir entweder eine zusätzliche Schicht oder wir müssen die bestehenden Schichtmannschaften dazu motivieren, Überstunden zu machen."

Produktionsleiter:
- „Eine zusätzliche Schicht kommt nicht infrage. **Wir sollten keine Luftschlösser bauen.** (1) Dem wird die Geschäfts-leitung nicht zustimmen. **Ich denke, wir müssen in den sauren Apfel beißen** (2) und mit den bestehenden Schich-ten den Nachfragen gerecht werden."

Ahmed:
- „Was dürfen wir darunter verstehen?"

Produktionsleiter:
- „Wir müssen die Produktionsmengen um 20 % erhöhen."

Ahmed sagt leise zu Giovanni:
- **„Ich sage ihm, es ist ein Stier und er sagt, lass uns ihn melken.** (3) Entweder kann oder will er uns nicht verstehen."

Giovanni flüstert Ahmed Folgendes zu:
- **„Vision ohne Handlung ist ein Tagtraum. Handeln ohne Vision ist ein Alptraum."** (4)

Ahmed:
- „Chef, wir glauben es ist nicht realistisch, das Ziel mit den unmotivierten Mitarbeitern schaffen zu können."

Produktionsleiter:
- „Jungs, *dann seid ihr beide auf dem falschen Dampfer.* (5) *Ihr habt wohl den Schuss nicht gehört.*" (6)

Giovanni:
- „Ok, dann müssen wir aber ein wenig auf die Qualität verzichten. *Man kann nicht alles haben.*" (7)

Kaum hat Giovanni seine Worte beendet, kommt der QM-Leiter und sagt in die Runde:
- *„Da wird wieder mal leeres Stroh gedrescht.* (8) *Wollt ihr dünne Bretter bohren?* (9) Aber ohne mich. Ihr könnt von mir aus die Produkte auch ohne Qualitätskontrolle zum Kunden schicken, aber danach darf keiner kommen und sagen: *Holt die Kuh vom Eis.*" (10)

Produktionsleiter:
- „Nein, Herr Schönfeld, *Sie werden Ihre Schäfchen im Trockenen haben.* (11) *Ich bin derjenige, dessen Kittel brennen wird.*" (12)

1) Was hat der Produktionsleiter mit der Redewendung gemeint?
2) Was hat der Produktionsleiter mit der Redewendung gemeint?
3) Was hat Ahmed mit der Redewendung gemeint?
4) Was hat Giovanni mit der Redewendung gemeint?
5) Was hat der Produktionsleiter mit der Redewendung gemeint?
6) Was hat der Produktionsleiter mit der Redewendung gemeint?
7) Was hat Giovanni mit der Redewendung gemeint?
8) Was hat der QM-Leiter mir der Redewendung gemeint?
9) Was hat der QM-Leiter mir der Redewendung gemeint?
10) Was hat der QM-Leiter mir der Redewendung gemeint?
11) Was hat der Produktionsleiter mit der Redewendung gemeint?
12) Was hat der Produktionsleiter mit der Redewendung gemeint?

Bedeutung der ersten Redewendung: „Luftschlösser bauen."
Wir sollten nicht übermütige und unrealistische Träume haben.

Herkunft: umgangssprachlich; Nach der Bauwerk-Metaphorik benötigen auch Pläne, Theorien usw. ein „festes Fundament", „sichere Begründungen", „eine solide empirische Basis" usw. Da die Luft eine äußerst unsolide Basis für ein Gebäude darstellt, ist das Luftschloss seit dem 17. Jahrhundert ein beliebter Ausdruck für schöne, aber unrealistische Pläne, Träume und Fantasien.

Bedeutung der zweiten Redewendung: „In den sauren Apfel beißen." Etwas Unangenehmes, aber dennoch Notwendiges tun zu müssen.

Herkunft: Diese Redewendung stammt aus dem Mittelalter.

Bedeutung der dritten Redewendung: „Ich sage ihm, es ist ein Stier und er sagt, lass uns ihn melken." Etwas Unmögliches machen zu wollen.

Herkunft: Tunesien.

Bedeutung der vierten Redewendung: „Vision ohne Handlung ist ein Tagtraum." Eine gute Idee sollte nicht nur als ein Gedanke bleiben, sondern in Taten umgesetzt werden. **„Handeln ohne Vision ist ein Alptraum."** Bevor etwas getan wird, sollte erst einmal gut durchdacht werden.

Herkunft: Japanisch

Bedeutung der fünften Redewendung: „Auf dem falschen Dampfer sein." Im Irrtum sein. Wenn man ein falsches Schiff (Dampfschiff) betritt, fährt man in eine ganz andere/falsche Richtung und merkt das nicht mal.

Herkunft: Erste schriftliche Belege finden sich in der Mitte des 20. Jahrhunderts.

Bedeutung der sechsten Redewendung: *„Ihr habt wohl den Schuss nicht gehört."* Etwas verpasst haben.

Herkunft: Keine klaren Angaben gefunden.

Bedeutung der siebten Redewendung: *„Man kann nicht alles haben."* Diese Redewendung ist selbsterklärend.

Herkunft: Keine klaren Angaben gefunden.

Bedeutung der achten Redewendung: *„Da wird wieder mal leeres Stroh gedrescht."* Etwas Sinnloses tun; Unnötiges reden.

Herkunft: Keine klaren Angaben gefunden.

Bedeutung der neunten Redewendung: *„Dünne Bretter bohren."* Es sich einfach machen.

Herkunft: Keine klaren Angaben gefunden.

Bedeutung der zehnten Redewendung: *„Die Kuh vom Eis holen."* Eine knifflige/problematische Situation lösen.

Herkunft: Die Redensart kam Küpper zufolge um 1965 auf.

Bedeutung der elften Redewendung: *„Sie werden Ihre Schäfchen im Trockenen haben."* Jemand, der seine „Schäfchen ins Trockene" bringt, sichert etwas, das ihm wichtig ist – meistens Geld. In der Zeit der Finanzkrise wurde dieser Ausspruch besonders häufig benutzt, weil viele Investoren um ihr Geld bangten und die Absicherung der Finanzen notwendig war.

Herkunft: Ein möglicher, aber nicht sicher geklärter Ursprung der Redewendung liegt darin, dass Schafe, die auf feuchten, tiefergelegenen Wiesen weiden, größeren Krankheitsgefahren ausgesetzt sind als Schafe, die weiter nach oben, in trockene Gebiete gebracht werden.

Bedeutung der zwölften Redewendung: *„Jemandem brennt der Kittel."* Jemand steht unter Druck.

Herkunft: Diese Redensart ist in der 2. Hälfte des 20. Jahrhunderts entstanden.

11 SCHULUNG DER MITARBEITER

Herr Erkan wird von seinem Vorgesetzten beauftragt, eine Mitarbeiterschulung durchzuführen.
- „Ihr müsst die Produkte nach Spezifikationen prüfen und dürft davon nicht abweichen."

Am nächsten Morgen werden die ersten Produkte inspiziert und festgestellt, dass sie nicht exakt die Spezifikationskriterien erfüllen. Daraufhin wird der Abteilungsleiter informiert. Er begutachtet zunächst die Produkte und gibt die Produkte frei. Das heißt, diese müssen gesammelt, verpackt und an den Kunden versandt werden. Die Mitarbeiter gehen ein bisschen angespannt zum Trainer und sagen, dass der Abteilungsleiter höchstpersönlich die Spezifikationskriterien missachtet hat. Wie kommt nun der Trainer, der **„zwischen zwei Stühlen sitzt"** (1) aus der Nummer raus?

Er beruhigt die Mitarbeiter mit der folgenden Redewendung:
- *„Es wird nicht so heiß gegessen, wie es gekocht wird."* (2)

Er geht aber auch zu seinem Chef und fragt ihn, warum er von der Spezifikation abgewichen ist. Der Chef:
- „Herr Erkan, ich habe einen Liefertermin und das Produktionsmaterial ist knapp. *Ich begebe mich auf dünnes Eis,* (3) nicht ihr."

Herr Erkan:
- Ich verstehe Ihre Sorge, aber ich möchte auch offen sagen, dass Ihre Entscheidung mit Parameter Änderungen meiner Meinung nach bei der Materialknappheit falsch war: **Mitten im Fluss soll man nicht die Pferde wechseln.** (4) Diese Änderungen würde ich an Ihrer Stelle bei der nächsten Produktion veranlassen, wenn wieder genug Material zur Verfügung steht.

Chef:
- Ja, stimmt. Man lernt aus den Fehlern.

1) Was ist mit der ersten Redewendung gemeint?
2) Was hat der Trainer mit der Redewendung gemeint?
3) Was hat der Chef mit der Redewendung gemeint?
4) Was hat Erkan mit der Redewendung gemeint?

Bedeutung der ersten Redewendung: „Zwischen zwei Stühlen sitzen" bedeutet sich im Interessenkonflikt befinden; von zwei Seiten bedrängt werden; sich nicht entscheiden können.

Herkunft: Der Ursprung der Redewendung **„falla mellan två stolar" (zwischen zwei Stühle fallen)** geht auf den lateinischen Ausdruck „duabus sellis sedere" (auf zwei Stühlen sitzen) zurück.

Bedeutung der zweiten Redewendung: „Es wird nicht so heiß gegessen, wie es gekocht wird." Eine angedrohte Maßnahme wird nicht so scharf angewendet, wie sie angekündigt wurde; Die Dinge sind nicht so schlimm, wie sie anfangs scheinen.

Herkunft: Keine klaren Angaben gefunden.

Bedeutung der drittenten Redewendung: „Sich auf dünnes Eis begeben." Sich in eine riskante Situation bringen oder in einer riskanten Position sein; angreifbar sein. Sinnverwandte Wörter: ungeschützt, verletzlich, verwundbar.

Herkunft: Varianten der Redensart sind seit dem Mittelalter geläufig. Ein Spruch aus dem 13. Jahrhundert lautet: **„Wer auf das Eis läuft, zeigt sich nicht weise."**

Bedeutung der viertenten Redewendung: „Mitten im Fluss soll man nicht die Pferde wechseln." Es ist die falsche Zeit für eine Änderung.

Herkunft: Slogan des US-Politikers Abraham Lincoln im Wahlkampf des Jahres 1864

12 ZEITMANAGEMENT

Frau Günay trifft Frau Maier vor dem Einkaufszentrum und bemerkt:
- „Warum gehen Sie so langsam, haben Sie heute nicht viel zu tun?"

Frau Maier:
- „Ganz im Gegenteil, ich habe heute sehr viel zu tun."

Frau Günay:
- „Dann sollten Sie aber **einen Zahn zulegen**." (1)

Frau Schneider:
- „Kennst Du den Spruch: ‚Ich habe nicht so viel Zeit, um schnell zu machen.' Denn schnell machen heißt manchmal doppelt und dreifach zu machen, weil bei den schnellen Handlungen öfter Fehler gemacht werden."

AUFGABE

1) Was hat die Frau Günay mit dieser Redewendung gemeint?

Bedeutung: „**Einen Zahn zulegen**" ist eine Redewendung der deutschen Umgangssprache und bedeutet „**die Geschwindigkeit steigern**".

Herkunft: Die Redensart „**Einen Zahn zulegen**" kommt aus der Zeit, in der man sein Essen noch im Topf über dem Feuer zubereitete – dabei hingen die Töpfe oft mit Haken an Gestellen. Und diese Haken sahen aus wie Zähne. Wenn man „einen **Zahn** zulegte" und den Topf näher ans Feuer brachte, wurde das Essen schneller warm.

13 WER FAHREN KANN, IST KLAR IM VORTEIL

Frau Schneider hat mit 45 Jahren ihren Führerschein gemacht. Da sie nun weiß, wie ein Auto richtig zu fahren ist, bemerkt sie auf einmal, wie regelwidrig ihr Mann fährt. Er fährt bereits seit 29 Jahren Auto.

Sie sagt immer wieder:
- „Mir hat man das anders beigebracht."

Als es für Herrn Schneider zu viel wird, sagt er:
- **„Du solltest nicht jedes Wort** von deiner Fahrlehrerin **auf die Goldwaage legen** (1). Übrigens: **Es wird nicht so heiß gegessen, wie es gekocht wird."** (2)

Frau Schneider:
- **„Du willst immer die erste Geige spielen.** (3) Die Regeln sind da, um sie zu befolgen und nicht, um sie zu ignorieren."

AUFGABE

1) Was hat Herr Schneider mit der Redewendung gemeint?
2) Was hat Herr Schneider mit der Redewendung gemeint?
3) Was hat Frau Schneider mit der Redewendung gemeint?

Bedeutung der ersten Redewendung: „Jedes Wort auf die Goldwaage legen." Einer Aussage eine sehr hohe/zu hohe Bedeutung beimessen.

Herkunft: Die Goldwaage ist ein altes Präzisionswerkzeug, das dem Abwiegen des Goldstaubs oder der Schmuckstücke dient. Diese Redensart findet sich bereits in der antiken Rhetorik bei Varro und bei Cicero. Luther hat die Bibelstellen Sirach 21, 27, 28, 29 mit der Wendung übersetzt: **„Du wägest dein Gold und Silber ein; warum wägest du nicht auch deine Worte auf der Goldwaage?"** Diese Stelle hat entscheidend zum Eindringen der Redensart in die Umgangssprache beigetragen, in der sie seit dem 16. Jahrhundert oft belegt ist. Siehe auch **„Etwas für bare Münze nehmen"**; siehe auch **„Wort für Wort."**

Bedeutung der zweiten Redewendung: „Es wird nicht so heiß gegessen, wie es gekocht wird." (Siehe Geschichte 11 „Schulung der Mitarbeiter.)

Herkunft: (Siehe Geschichte 11 „Schulung der Mitarbeiter.)

Bedeutung der dritten Redewendung: „Du willst immer die erste Geige spielen." Tonangebend, bestimmend, führend sein.

Herkunft: Im Streichquartett hat der Spieler der ersten Geige die wichtigste („tonangebende") Rolle. Die übrigen Spieler müssen sich an ihm orientieren. Siehe auch „den Ton angeben". (www.redensarten-index.de/du willst immer die erste Geige spielen)

14 GESCHENKE

E in Verein verschenkt einen Karton Süßigkeiten an die Klasse 7C. Killian bemängelt und kritisiert die Geschenke. Als ein Sprachkünstler und Kenner der Redewendungen bringt Fabian die folgende Redewendung zum Ausdruck:

- „Hey Killian, *einem geschenkten Gaul schaut man nicht ins Maul.*" (1)

AUFGABE

1) Was hat Fabian mit dieser Redewendung gemeint?

Bedeutung der ersten Redewendung: „Einem geschenkten Gaul schaut man nicht ins Maul." Ein Geschenk sollte man nicht bemängeln oder kritisieren, sondern dankbar annehmen.

Herkunft: Zum Pferdekauf gehört in jedem Fall die Prüfung des Gebisses. Alter und Wert eines Pferdes lassen sich hier feststellen. Das ursprünglich lateinische Sprichwort ist schon seit der Antike bekannt.

15 PRODUKTIONSBESPRECHUNG

B ei Firma XY findet jeden Tag um 09:30 eine Fertigungsbesprechung statt. Der Abteilungsleiter eröffnet das Gespräch. Die Produktionsdaten werden auf die weiße Wand geworfen und bewertet. Diskussion hin, Diskussion her.

Chef:
-   „Warum zeigt die Prüfmaschine die Maße viel kleiner als die Messmaschine?"

Frank:
-   „Wahrscheinlich wurde die Maschine nicht exakt kalibriert."

Turgut:
-   *„Wenn der erste Knopf im Hemd falsch eingeknöpft ist, werden die folgenden Knöpfe zwangsläufig falsch geknöpft sein."* (1)

AUFGABE

1) Was hat Turgut mit der Redewendung gemeint?

Bedeutung der ersten Redewendung: „Wenn der erste Knopf im Hemd falsch eingeknöpft ist, werden die folgenden Knöpfe zwangsläufig falsch geknöpft sein." Wenn der erste Knopf im Hemd falsch eingeknöpft wurde, kann das nicht korrigiert werden, ohne die ganze Leiste wieder aufzuknöpfen. Wenn sich ein systematischer Fehler einschleicht, werden die Folgeschritte nicht von dem Fehler verschont bleiben.

Herkunft: Giordano Bruno (geb. Januar 1548 in Nola als Filippo Bruno; gest. 17. Februar 1600 in Rom) war ein italienischer Priester, Dichter, Mönch, Philosoph und Astronom.

16 FUSSBALL

Ebrimo aus Gambia kommt 15 Minuten zu spät zum Training. Der Trainer sagt: „Ebrimo, so wird es nichts. Du musst zum Training pünktlich erscheinen." Da fängt Ebrimo an zu diskutieren.

Ebrimo zum Fußballtrainer:
- „Tino! Ich musste vorher noch einkaufen."

Fußballtrainer:
- „Und letztes Mal musstest du deinen Fahrradreifen aufpumpen. *Reden wir nicht um den heißen Brei herum.* (1) Ich werde dir meine Meinung nicht *durch die Blume sagen*, (2) sondern mit dir Klartext sprechen. In Deutschland ist die Pünktlichkeit sehr wichtig, wenn du erfolgreich werden willst. Es sei denn, du möchtest nichts erreichen. Denn *wer will, findet Wege, wer nicht will, findet Gründe*." (3)

Ebrimo:
- „Nein, nein, Timo, ich will in allen Bereichen erfolgreich sein. Aber ich verstehe nicht, was du über die Blume gesagt hast."

Tino:
- „Ach so, dann hast du sicherlich auch nicht die anderen Redewendungen verstanden. Also! Ich habe in meiner Rede heute mit dir drei Redewendungen verwendet. Fangen wir Mal an, die erste zu erklären..."

AUFGABE

1) Was hat der Fußballtrainer mit der Redewendung gemeint?
2) Was hat der Fußballtrainer mit der Redewendung gemeint?
3) Was hat der Fußballtrainer mit der Redewendung gemeint?

Bedeutung der ersten Redewendung: „Reden wir nicht um den heißen Brei herum." Eine Sache nicht klar benennen, sich um eine Entscheidung herumdrücken. Es nicht wagen, eine unangenehme Angelegenheit anzusprechen; sich mit einem Problem nur zögerlich beschäftigen.

Herkunft: Katzen mögen kein heißes Essen und schleichen deshalb von allen Seiten um den Brei, um die kühlste Stelle zu erkunden. Dieses plastische Bild ist schon sehr früh als „sich herumdrücken; vorsichtig, ängstlich, zögerlich sein" redensartlich geworden.

Bedeutung der zweiten Redewendung: „Durch die Blume sagen." Etwas nur andeutungsweise/indirekt verhüllt sagen; eine Kritik nur andeuten/umschreiben; jemandem die Wahrheit schonend beibringen; eine Aussage beschönigt verpacken.

Herkunft: Umgangssprachlich; entstammt einem Brauch an den Höfen im Mittelalter. Wenn ein Edelmann um eine Dame warb, war dies für sie eine große Ehre, da der Edelmann hierbei auch z. B. durch einen Kniefall Demut bewies. Wenn die Dame jedoch kein Interesse hatte, schenkte sie ihm, statt ihn mit Worten von sich zu weisen, eine Strohblume. Dies war für den Mann das Zeichen, dass seine Werbung das Ziel nicht erreicht hatte und gab ihm die Möglichkeit sich zurückzuziehen, ohne das Gesicht zu verlieren.

Somit bezieht sich die Redensart auf die so genannte Blumensprache, nach der jeder Blume eine bestimmte Bedeutung zukommt – allerdings verschlüsselt, sodass eine Absage durch die Blume in eine Verhüllung gekleidet ist, die den Empfänger schont.

Bedeutung der dritten Redewendung: „Wer will, findet Wege, wer nicht will, findet Gründe." Oder auch **„Wer will, findet Wege, wer nicht will, findet Auswege."**

Herkunft: Keine Angaben gefunden.

17 REITERHOF

Sonja möchte unbedingt ein Pferd haben, allerdings bekommt sie nur Bilder von Pferden oder höchstens ein Spielzeugpferd geschenkt.

Sie sagt zu ihrem Papa:
- „Hey, Papi! Wann bekomme ich endlich ein echtes Pferd geschenkt?"

Der Papa:
- „Mit meinem Gehalt kann ich dir kein Pferd kaufen, aber wenn du langsam anfängst zu sparen, kannst du dir in ein paar Jahren selbst ein Pferd kaufen."

- „Papa, mit meinem Taschengeld ist das unmöglich."

- „Schatz! Kennst du den Spruch? *‚Steter Tropfen höhlt den Stein?'*" (1)

- „Ach, Papa! Wie lange müssen wir noch **den Gürtel enger schnallen**?" (2)

AUFGABE

1) Was hat der Papa von Sonja mit der Redewendung gemeint?
2) Was hat Sonja mit der Redewendung gemeint?

Bedeutung der ersten Redewendung: „Steter Tropfen höhlt den Stein." Ausdauer führt zum Erfolg; Beharrlichkeit führt zum Ziel; Beständigkeit zahlt sich aus.

Herkunft: Stammt vom römischen Dichter Ovid (43 v. Chr. – 17 oder 18 n. Chr.): „Gutta cavat lapidem" Ovid weist mit diesem Gleichnis auf seine Widerstandsfähigkeit hin: „Der Tropfen höhlt den Stein, ein Ring wird durch den Gebrauch verzehrt (...) Alles wird die gefräßige Zeit verderben, nur mich nicht: Sogar der Tod wird durch meine Härte ferngehalten". Röhrich bezieht das Sprichwort auf eine Stelle im Alten Testament „Wasser wäscht Steine weg, und seine Fluten flößen die Erde weg: aber des Menschen Hoffnung ist verloren."

Bedeutung der ersten Redewendung: „Den Gürtel enger schnallen." Sich einschränken; kürzertreten; sparen.

Herkunft: Diese Redensart erklärt sich leicht aus der durch Fasten resultierenden Abmagerung eines Menschen. Es heißt auch, dass durch Einschnüren des Magens das Hungergefühl nachlässt. Einen Bezug zur allgemeineren Bedeutung „Einschränkung" bietet die mittelalterliche Rechtssprache: Der unpfändbare geringste persönliche Besitz ist dort „das, was der Gürtel umschließt".

18 SPORTUNTERRICHT

L ars ist 12 Jahre alt und ist sehr fleißig in manchen Fächern, wie beispielsweise Mathe, Physik und Chemie. Allerdings mag er den Sportunterricht nicht so. Philipp macht sich im Sportunterricht jedes Mal lustig über ihn.

Heute ist wieder Mal in der dritten Stunde Sportunterricht und Lars möchte sich wieder einmal davor drücken. Der Dialog zwischen Lars und dem Klassenlehrer Herr Toprak ist wie folgt:
- „Herr Toprak, ich habe Bauchschmerzen, deshalb möchte ich nach Hause gehen."

Klassenlehrer:
- „Lars, es ist auffällig, dass du immer dienstags nach der zweiten Unterrichtsstunde mit irgendeinem Grund nach Hause gehst. **Wo drückt der Schuh?** (1) Magst du vielleicht mit mir darüber reden? Vielleicht kann ich dir *in die Steigbügel helfen*." (2)

Lars:
- „Na gut, ich werde Ihnen mein Problem schildern. Es ist so…, weil ich kein guter Sportler bin, macht sich der Philipp jedes Mal lustig über mich und sagt immer, ich sei ein Versager. Deshalb suche ich immer Wege davon fernzubleiben. Ansonsten müsste ich mich mit ihm schlagen. Ach, Herr Toprak, ich fühle mich wie ein Loser."

Klassenlehrer:
- „Lars, du bist kein Loser! Nicht jeder muss sportlich begabt sein. Dafür bist du in anderen Fächern der absolute Meister. Vom Sportunterricht fern bleiben ist keine Lösung. Du wirst heute zum Sportunterricht gehen aber **den Ball flach halten**. (3) Du darfst dich nicht provozieren lassen. Und ich werde nach einer Lösung suchen."

- „Lars, ich denke, ich habe eine gute Idee. Du gehst jetzt in den Sportunterricht. Und wenn Philipp dich wieder als Versager darstellt, **drehst Du den Spieß um** (4) und sagst ihm: ‚Dafür bin ich in Mathe, Physik und Chemie der Klassenbeste.'"

Lars geht tatsächlich zum Sportunterricht und Philipp verhält sich wie gewohnt. Daraufhin sagt Lars:
- „Ich gebe zu, dass ich kein guter Sportler bin, dafür bin ich aber sehr stark in den Naturwissenschaften. Wenn du mal Hilfe brauchst, kommst du zu mir."

Philipp:
- „Ja, das stimmt. In Mathe, Chemie und Physik **kann ich Dir das Wasser nicht reichen**. (5) Würdest Du mir wirklich helfen?"

Lars:
- „Na klar!"

Am nächsten Morgen fragt der Klassenlehrer, wie der Sportunterricht war und Lars erzählt ihm den Verlauf des Dialogs:
- „Herr Toprak! Dank Ihnen ist jetzt **alles in Butter**." (6)

AUFGABE

1) Was hat der Klassenlehrer mit der Redewendung gemeint?
2) Was hat der Klassenlehrer mir der Redewendung gemeint?
3) Was hat der Klassenlehrer mit der Redewendung gemeint?
4) Was hat der Klassenlehrer Herr Toprak mit der Redewendung gemeint?
5) Was hat Philipp mit der Redewendung gemeint?
6) Was hat Lars mit der Redewendung gemeint?

Bedeutung der ersten Redewendung: „Wo drückt der Schuh."
Die Redewendung ‚Wo drückt der Schuh?‘, wird verwendet, um zu fragen, wo genau Probleme oder Schwierigkeiten liegen. Es ist eine metaphorische Art zu erfragen, was jemanden stört.

Herkunft: Schon die alten Römer hatten dafür einen passenden Spruch parat, der übersetzt heißt: „Niemand außer mir weiß, wo mich der Schuh drückt."

Bedeutung der zweiten Redewendung: „Jemandem in die Steigbügel helfen." Jemandem Hinweise geben, die ihm beim Verständnis helfen.

Herkunft: Keine klaren Angaben gefunden.

Bedeutung der drittenten Redewendung: „Den Ball flach halten." Sich nicht über etwas unnütz aufregen, sich mäßigen, kein Risiko eingehen.

Herkunft: Umgangssprachlich, stammt aus dem Fußball. Wer hier den Ball nahe am Boden flach hält, kann ihn besser kontrollieren.

Bedeutung der viertenten Redewendung: „Den Spieß umdrehen." Rollen tauschen; die Mittel und Methoden des Gegners gegen ihn selbst verwenden.

Herkunft: Umgangssprachlich; vor der Erfindung der Feuerwaffen war der Kampfspieß eine wichtige Waffe des Soldaten. Die Redensart bedeutet: Man entreißt im Kampfesgetümmel dem Gegner seinen Spieß und richtet ihn gegen den nun Unbewaffneten.

Bedeutung der fünftenten Redewendung: „Jemandem nicht das Wasser reichen können." Wenn jemand nicht so gut ist wie ein anderer, dann heißt es sprichwörtlich: Er kann ihm nicht das Wasser reichen.

Herkunft: Umgangssprachlich; im Mittelalter, als man noch mit der bloßen Hand aß, wurde in vornehmen Häusern den Gästen von einem Diener Wasser gereicht, damit sich diese die Hände reinigen konnten. Natürlich stand der Diener in der sozialen Hierarchie tief unter dem Bedienten. Durfte er diesem nicht das Wasser reichen, war er noch tiefer herabgesetzt.

Bedeutung der sechsten Redewendung: „Alles in Butter." Alles in Ordnung.

Herkunft: Wertvolle Güter, wie zum Beispiel Porzellan, wurden früher in Kisten mit flüssiger Butter eingegossen. Nach dem Erstarren der Butter waren diese beim Transport vor dem Zerbrechen geschützt.

19 ELTERNABEND

Frau Mansour ist vor sechs Jahren mit ihrem Ehemann und drei Kindern aus Syrien nach Deutschland geflüchtet. Fatima ist sieben, Khaled fünf und Jasmin zwei Jahre alt. Fatima war auf der Reise nach Deutschland etwa ein 5-monatiges Baby. Nun besucht sie die 1. Klasse. Eines Tages hat sie ein Schreiben aus der Schule mitgebracht. Diese war eine Einladung zum Elternabend.

Frau Mansour hatte einen Sprachkurs bei der Volkshochschule besucht, weshalb sie auch als Elternteil bessere Deutschkenntnisse hat. Nun geht sie zum Elternabend.

Die Klassenlehrerin spricht die Tagesordnungspunkte einen nach dem anderen an. Nach knapp 20 Minuten fragt sie, ob alle alles verstanden haben. Die Frau Mansour sagt:
- *„Ich verstehe nur Bahnhof."* (1)

Folglich sagt sie, ihre Deutschkenntnisse sind nicht ausreichend. In diesem Zuge fragt sie auch, ob diese Redewendung der Sachlage entspricht.

Die Lehrerin lächelt sie an und sagt:
- „Ich finde das großartig, dass Sie die Redewendung kennen. Diese Redewendung wird umgangssprachlich, wie auch Sie sie benutzt haben, angewandt, aber diese Redewendung ist eigentlich für eine andere Sachlage geeignet. Ich vermute, Sie möchten sagen, dass sie nicht alles verstanden haben. Dafür können Sie eine andere Redewendung verwenden. Zum Beispiel: *Auf dem Schlauch stehen.*" (2)

Frau Mansour:
- „In welchem Fall kann ich das Sprichwort mit ‚Bahnhof' verwenden?"

Die Klassenlehrerin:
- „Wenn sie möchten, dass diese Sitzung schnellstmöglich endet und sie nach Hause können. Also sie möchten nichts verstehen und hören, außer das Schlusswort. Herkunft von dieser Redewendung ist wie folgt: Die vom jahrelangen (Ersten) Weltkrieg ermüdeten Soldaten wollten nur noch das Wort „Bahnhof" hören, das für sie gleichbedeutend mit einer Heimfahrt war."

Frau Mansour:
- „Vielen Dank, jetzt habe ich verstanden."

Klassenlehrerin:
- „Übrigens gibt es mehrere Gründe etwas nicht verstanden zu haben. Akustische, sprachliche oder inhaltliche Gründe, Frau Mansour. Ich vermute, Sie haben meine Worte inhaltlich nicht verstanden."

Frau Mansour:
- „Ja, das stimmt."

AUFGABE

1) Was hat Frau Mansour mit der Redewendung gemeint?
2) Was hat die Klassenlehrerin mit der Redewendung gemeint?

Bedeutung der ersten Redewendung: „Nur Bahnhof verstehen." Etwas nicht verstehen. Nicht begreifen, nicht wissen, was gemeint ist.

In den Medien wird diese Redewendung überwiegend wie obenstehend erklärt: Etwas nicht verstehen. Nicht begreifen, nicht wissen, was gemeint ist. Ich (Ercan Topak) deute diese anders, und zwar: Nicht verstehen **wollen**, außer das, was man in den Kopf gesetzt hat.

Herkunft: Umgangssprachlich; Vor und zu Beginn des Ersten Weltkriegs (1914-1918) herrschte bei vielen – aufgepeitscht durch entsprechende Propaganda – eine wahre Kriegsbegeisterung. Als dann im Zuge des Krieges deren Gräuel und Verbrechen sichtbar wurden, änderte sich das bald. Die Soldaten wollten irgendwann nur nach Hause. Dabei wurde der Bahnhof zu einem Symbol der kriegsmüden Soldaten, dass die baldige Heimkehr bedeutete. Alle Gespräche, die ein anderes Thema zum Inhalt hatten, wurden mit dem Satz „Ich verstehe nur Bahnhof" abgebrochen.

Es gibt angeblich auch andere Deutungen zur Herkunft der Redensart.

Bedeutung der zweiten Redewendung: „Auf dem Schlauch stehen."

Herkunft: Umgangssprachlich; die Redensart leitet sich von der Vorstellung ab, dass Gedanken „fließen". Wer also versehentlich auf dem Schlauch steht, stört seinen „Gedankenfluss". Nach dem gleichen Bild kann auch der „Fluss" des Arbeitsvorganges gestört sein, wenn etwas nicht richtig funktioniert.

20 REDEWENDUNGEN TURNIER

Bevor ich mit den Redewendungen auf die Öffentlichkeit gehe, wollte ich vorerst unter der Familie testen und sehen, wie unterhaltsam das spielerische Lernen ist.

Die große Topak-Familie bildet 2 ausgewogene Gruppen. Es sind insgesamt 5 Teilnehmer pro Gruppe.

Erste Frage:
- „Was sagt man zu der Person, die schlau, unerschrocken oder durchtrieben ist?"

Eine Teilnehmerin aus der Gruppe B sagt:
- *„Sie ist mit allen Wassern gewaschen."* (1)

Applaus für sie.
- „Welche Redewendung passt für ‚Etwas Schlechtes vorhersehen, rechtzeitig stutzig oder aufmerksam werden'?"

Eine andere Teilnehmerin aus der Gruppe B sagt:
- *„Den Braten riechen."* (2)

Applaus für sie.
- „Welche Redewendung passt zu der Situation, wenn jemand sein Leben oder sein Hab und Gut in Sicherheit bringt?"

Ein Teilnehmer aus der Gruppe A sagt:
- *„Seine Schäfchen im Trockenen haben."* (3)

Die Gruppe A hat sich auch einen Punkt geholt.

Ercan:
- „Kennt jemand auch eine türkische Redewendung, die hierzu passt?"

Eine aus der Gruppe B, die auch weitgehend die türkische Kultur gut kennt, antwortet:
- „Ja. Ich kenne eine ähnlich bedeutende Redensart auf türkisch: **Wer in Arche Noah einsteigt, wird die Sintflut nicht fürchten.**" (4)

Auch Applaus und Punkte für die beiden.

Nächste Frage:
- „Es gibt eine Redewendung: **Äpfel mit Birnen vergleichen.** (5) Kennt ihr noch eine gleichbedeutende Redewendung?"

Da sagt eine aus der Gruppe A:
- **„Alles über einen Kamm scheren."** (6)

Ercan:
- „Ja, ihr bekommt einen Punkt dafür. Allerdings möchte ich darauf hinweisen, dass zwar im ersten Blick eine Ähnlichkeit erscheint, aber nach einer Textanalyse zeigt sich der geringe Unterschied. **„Äpfel mit Birnen vergleichen"** stellt eine **„Bewertung"** dar aber die Redewendung **„Alles über einen Kamm scheren"** ist mehr auf eine **„Handlung"** bezogen, und zwar auf Gleichbehandlung."

Frage:
- „Kennt jemand die deutsche Version von der Redewendung? **,Zwei Kapitäne bringen ein Schiff zum Sinken.'"** (7)

Eine Teilnehmerin aus der Gruppe A meldet sich zum Wort und sagt:
- „Diese türkischstämmige Redewendung ist sinnverwandt mit der deutschen Redewendung: **,Viele Köche verderben den Brei.'"** (8)

Gruppe A hat sich einen weiteren Punkt errungen.

Frage:
- „Was ist mit der Redewendung gemeint der besagt: *,Den Wald vor lauter Bäumen nicht sehen.'*?" (9)

Jemand aus der Gruppe B meldet sich zum Wort und sagt:
- „Sich vom Wesentlichen durch viele Nebensächlichkeiten ablenken lassen."

Auch richtig.

Gruppe A hat sich einen weiteren Punkt errungen.

Nächste Frage:
- „Nennt mir bitte eine Redewendung, die erklärt, Wichtiges von Unwichtigem zu trennen oder zu unterscheiden."

Ein Teilnehmer aus der Gruppe A hat gesagt:
- *„Die Spreu vom Weizen zu trennen"* (10)

Richtig! Und nun Schlusspfiff. Gruppe A ist eindeutig Sieger.

Das Quiz-Duell war für jeden sehr unterhaltsam. Vielleicht möchten auch Sie für Ihre Familie ein Quiz-Duell über Redewendungen veranstalten.

AUFGABE

1) Was ist mit der Redewendung gemeint?
2) Was ist mit der Redewendung gemeint?
3) Was ist mit der Redewendung gemeint?
4) Was ist mit der Redewendung gemeint?
5) Was ist mit der Redewendung gemeint?
6) Was ist mit der Redewendung gemeint?
7) Was ist mit der Redewendung gemeint?
8) Was ist mit der Redewendung gemeint?
9) Was ist mit der Redewendung gemeint?
10) Was ist mit der Redewendung gemeint?

Bedeutung der ersten Redewendung: „Mit allen Wassern gewaschen sein." Schlau, unerschrocken oder durchtrieben sein.

Herkunft: Wahrscheinlich aus der Seemannssprache. Einer, der schon auf allen Weltmeeren gekreuzt hat, verfügte über sehr viel Mut, Kaltblütigkeit und Erfahrung.

Bedeutung der zweiten Redewendung: „Den Braten riechen." Rechtzeitig stutzig oder aufmerksam werden. Etwas Schlechtes vorhersehen.

Herkunft: Die Redewendung geht zurück auf eine Fabel, in der ein Bauer ein Tier zum Essen einlädt. Das Tier macht an der Türschwelle kehrt, weil es aus der Küche den Duft eines gebratenen Artgenossen riecht.

Bedeutung der dritten Redewendung: „Seine Schäfchen im Trockenen haben." Vorsorgen; sich den eigenen Vorteil sichern; für den eigenen Profit sorgen.

Herkunft: Umgangssprachlich; diese seit dem Jahr 1597 belegte Wendung bezieht sich wohl auf die Krankheitsanfälligkeit der Lämmer, die noch kein ausreichend dichtes Wollkleid entwickelt haben. Vielleicht ist auch an den Schaf- oder Leberegel zu denken, einen Parasiten, der in sumpfigen Wiesen lebt und hohe Verluste durch Massensterben verursachen kann.

Bedeutung der vierten Redewendung: „Wer in Arche Noah einsteigt, wird die Sintflut nicht fürchten." Wer sich in Sicherheit bringt, fürchtet die Gefahren nicht.

Herkunft: Koranischer Vers: **„Da retteten wir ihn (Noah) und wer mit ihm war im vollbeladenen Schiff."** (Asch Schuara, 119)

Im Übrigen wird diese Geschichte auch in der Bibel ausführlich erwähnt.

Bedeutung der fünften Redewendung: „Äpfel mit Birnen vergleichen." Dinge miteinander vergleichen, die jedoch gar nicht vergleichbar sind; etwas Unvereinbares miteinander vergleichen; bei einem Vergleich wichtige Kriterien außer Acht lassen.

Herkunft: Als Vorläufer kann man den Spruch „Ich frage nach Äpfeln, und du antwortest mir von Birnen" ansehen, der bereits in einer Sprichwörtersammlung aus dem Jahre 1810 aufgeführt ist.

Bedeutung der sechsten Redewendung: „Alles über einen Kamm scheren." Alle/alles unterschiedslos behandeln; nicht differenzieren.

Herkunft: Die seit dem 16. Jahrhundert bezeugte Redewendung geht wohl auf die alten Gepflogenheiten beim Bader zurück, der alle Kunden mit demselben Kamm frisierte. Eine andere Deutung bezieht sich auf das Scheren der Schafe. Die Wolle wird nach der Schur durch Kämme verschiedener Stärke gezogen, um grobe und feine Wolle zu sondern. Wer also alles über einen Kamm schert, der kann diese Differenzierung nicht vornehmen und behandelt alles gleich.

Bedeutung der siebten Redewendung (Sprichwort): „Zwei Kapitäne bringen ein Schiff zum Sinken." Wenn eine Sache durch mehrere gleichrangigen Instanzen dirigiert wird, können dabei keine erfolgreichen Ergebnisse errungen werden.

Herkunft: Koranischer Vers: **„Gäbe es in beiden (Himmel und Erde) Götter außer Allah, dann wären wahrlich beide dem Unheil verfallen."** (Al-Anbiya, 22)

Biblischer Vers: **„Der Herr ist der einzige Gott. Er ist es, der den Himmel geschaffen hat. Er gab der Erde ihre Form und legte ihre Fundamente. Nicht als einsame Wüste hat er sie gebildet, sondern als Wohnraum für seine Geschöpfe. Dieser Gott spricht: ‚Ich bin der Herr, außer mir gibt es keinen Gott.'"** (Bibel, Jesaja 45/18)

Bedeutung der achten Redewendung: „Viele Köche verderben den Brei." Diese deutsche Redewendung bedeutet in etwa das Gleiche wie die vorherige türkische Redewendung. Dem Sprichwort liegt die Vorstellung zugrunde, dass jede an einem Projekt beteiligte Person seine eigenen Vorstellungen davon hat, wie es zu realisieren sei, sodass es letzten Endes am Streit, Kompetenzgerangel, an unzulänglichem Informationsaustausch, Widersprüchen oder zu vielen Kompromissen scheitert.

Herkunft: Keine Angaben gefunden

Bedeutung der neunten Redewendung: „Den Wald vor lauter Bäumen nicht sehen." Etwas Offensichtliches nicht bemerken; Naheliegendes nicht sehen; etwas wegen zu vieler Informationen nicht verstehen.

Herkunft: Umgangssprachlich; diese Wendung und ähnliche gehören bereits ins aphoristische Repertoire der Antike. Sie finden sich beispielsweise bei Ovid und Properz. Wieland hat die Wendung im deutschen Sprachraum bekannt gemacht. Goethe hat in seiner Farbenlehre die Wendung als Vergleich dafür gebracht, dass in reinem Licht (ohne Schatten) nichts wahrgenommen werden kann.

Bedeutung der zehnten Redewendung: „Die Spreu vom Weizen zu trennen." Klassifizierte Trennung.

Herkunft: Die Verwendung als Redensart wird in der zweiten Hälfte des 18. Jahrhunderts allgemein geläufig.

DIE REDEWENDUNGEN IN DIESEM BUCH

1. „Kurze Haare sind bald gekämmt."
2. „Sich zu weit aus dem Fenster lehnen."
3. „Der Schein trügt."
4. „Es hängt von dem Reiter ab, ob das Pferd gut läuft."
5. „Den Tag nicht vor dem Abend loben."
6. „Etwas durch die rosarote Brille sehen."
7. „Das Glas halb voll sehen."
8. „Auf dem Teppich bleiben."
9. „Alte Zöpfe abschneiden."
10. „Das Kind ist in den Brunnen gefallen."
11. „Was der Bauer nicht kennt, frisst er nicht."
12. „Aus dem Stegreif."
13. „Zwei Fliegen mit einer Klappe schlagen."
14. „Die Flinte ins Korn werfen."
15. „Mit Ach und Krach."
16. „Sich mit fremden Federn schmücken."
17. „Nicht die Katze im Sack kaufen."
18. „Nicht auf den Kopf gefallen sein."
19. „Jemanden über den Tisch ziehen."
20. „Besser ein Spatz in der Hand als eine Taube auf dem Dach."
21. „No risk, no fun (Kein Risiko, kein Spaß)"
22. „Das Eisen schmieden, solange es heiß ist."
23. „Was versteht eine Fliege vom Flug des Adlers?"
24. „Ich bin kein Huhn, aber ich weiß, wann ein Ei faul ist."
25. „Wer Honig essen will, der ertrage das Stechen der Bienen."
26. „Der Krug geht so lange zum Brunnen, bis er bricht."
27. „Luftschlösser bauen."
28. „In den sauren Apfel beißen."
29. „Ich sage ihm, es ist ein Stier und er sagt, lass uns ihn melken."

30. „Vision ohne Handlung ist ein Tagtraum. Handeln ohne Vision ist ein Alptraum."
31. „Auf dem falschen Dampfer sein."
32. „Ihr habt wohl den Schuss nicht gehört."
33. „Man kann nicht alles haben."
34. „Da wird wieder mal leeres Stroh gedroschen."
35. „Dünne Bretter bohren."
36. „Die Kuh vom Eis holen."
37. „Jemandem brennt der Kittel."
38. „Zwischen zwei Stühlen sitzen."
39. „Es wird nicht so heiß gegessen, wie es gekocht wird."
40. „Sich auf dünnes Eis begeben."
41. „Mitten im Fluss soll man nicht die Pferde wechseln."
42. „Einen Zahn zulegen"
43. „Jedes Wort auf die Goldwaage legen."
44. „Du willst immer die erste Geige spielen."
45. „Einem geschenkten Gaul schaut man nicht ins Maul."
46. „Wenn der erste Knopf im Hemd falsch eingeknöpft ist, werden die folgenden Knöpfe zwangsläufig falsch geknöpft sein."
47. „Reden wir nicht um den heißen Brei herum."
48. „Durch die Blume sagen."
49. „Steter Tropfen höhlt den Stein."
50. „Den Gürtel enger schnallen."
51. „Wo drückt der Schuh."
52. „Jemandem in die Steigbügel helfen."
53. „Den Ball flach halten."
54. „Den Spieß umdrehen."
55. „Jemandem nicht das Wasser reichen können."
56. „Alles in Butter."
57. „Nur Bahnhof verstehen"
58. „Auf dem Schlauch stehen."
59. „Mit allen Wassern gewaschen sein."
60. „Den Braten riechen."
61. „Seine Schäfchen im Trockenen haben."
62. „Wer in die Arche Noah einsteigt, wird die Sintflut nicht fürchten."

63. „Äpfel mit Birnen vergleichen."
64. „Alles über einen Kamm scheren."
65. „Zwei Kapitäne bringen ein Schiff zum Sinken."
66. „Den Wald vor lauter Bäumen nicht sehen."
67. „Die Spreu vom Weizen trennen"

SCHLUSSWORT

Die Ehrenamtlichen in Müllheim im Markgräflerland leisten in meinen Augen sehr wichtige soziale Aufgaben wie:

MÜLLHEIMER EHRENAMTBÖRSE
Spendenaufruf für Erdbebenopfer
Seelische Gesundheit von Kindern
Themenabende...
Traumahelfer...
Einladung zum Länderabend...
Thema „Geflüchtete Menschen mit Behinderung"...
Austauschtreffen Akteure Integration (Haupt- und Ehrenamt) usw.
Mit einer selbstkreierten Redewendung möchte ich dieses Buch gerne beenden:
„Je mehr Hände die Last tragen, desto leichter wird sie sein."

Jede Person kann ihr Knowhow und ihre Fähigkeiten entsprechend für eine der vielen Aufgaben einbringen. Ich hoffe, dass ich einen Teil meiner Pflicht mit diesem Buch geleistet habe.

Ercan Topak
21.07.2024

Der Autor

Ercan Topak ist ein sozial engagierter Mensch mit
einer philosophischen Denkweise, insbesondere in
der Interpretation und Einordnung religiöser, histo-
rischer und kultureller Themen. Als Sohn türkischer
Gastarbeiter kam er 1976 im Alter von sechs Jahren nach Deutschland. Seit seinem Schulabschluss
ist er in verschiedenen Industrieunternehmen tätig
und engagiert sich seit 1998 leidenschaftlich in
ehrenamtlichen Projekten. Dabei hat er vielfältige
Erfahrungen mit Menschen unterschiedlicher Herkunft, Religion und Sprache gesammelt.
Seine lösungsorientierte Herangehensweise an
Herausforderungen, ob beruflich oder privat, prägt
sein Denken und Handeln. Als gläubiger, praktizie-
render Muslim und weltoffener Bürger setzt er sich
dafür ein, Brücken zwischen Kulturen zu schlagen
und gemeinsame Werte zu entdecken, die Menschen verbinden.

Der Verlag

Wer aufhört
besser zu werden,
hat aufgehört
gut zu sein!

Basierend auf diesem Motto ist es dem novum Verlag ein Anliegen, neue Manuskripte aufzuspüren, zu veröffentlichen und deren Autoren langfristig zu fördern. Mittlerweile gilt der 1997 gegründete und mehrfach prämierte Verlag als Spezialist für Neuautoren in Deutschland, Österreich und der Schweiz.

Für jedes neue Manuskript wird innerhalb weniger Wochen eine kostenfreie, unverbindliche Lektorats-Prüfung erstellt.

Weitere Informationen zum Verlag und seinen Büchern finden Sie im Internet unter:

www.novumverlag.com